Les triplés
レ・トリプレ

みつごちゃんの クロスステッチ図案帖

絵／ニコル・ランベール

もくじ

ニコルさんのパリ日記　4

パリのみつごちゃん　6
 人物紹介　LES PERSONNAGES　8
 エッフェル塔　LA TOUR EIFFEL　9
 フランスパン　LE PAIN FRANÇAIS　10

みつごちゃんのクリスマス　12
 幸せとは…　LE BONHEUR…　15
 ヤドリギ　LE GUI　16
 クリスマス　NOËL　17

ノルマンディーの暮らし　18

みつごちゃんとお花　20
 お花　LES FLEURS　22
 トト　TOTO　23
 花束　LES BOUQUETS　24
 幸運のお守り　PORTE-BONHEUR　26

みつごちゃんのお気に入り　28
 ハート　EN CŒUR　30
 トトと一緒　AVEC TOTO　31
 ジャム　LA CONFITURE　32
 お菓子　LA PÂTISSERIE　33
 色鉛筆　LES CRAYONS DE COULEUR　34
 学校　L'ÉCOLE　35

みつごちゃんアラカルト　36
 ノルマンディー　LA NORMANDIE　38
 星　TROIS ÉTOILES　39
 シルエット　SILHOUETTES　40
 サンプラー　SAMPLER　42

クロスステッチの基礎　44
図案　46

この本に関する質問はお電話・WEBで
書名／レ・トリプレ　みつごちゃんのクロスステッチ図案帖
本のコード／NV70810　担当／石上
TEL03-3383-0634（平日13時〜17時受付）
WEBサイト「手づくりタウン」　https://www.tezukuritown.com
※サイト内「お問い合わせ」からお入りください（終日受付）。

＊本書に掲載の作品を複製して販売（店頭・Web・イベント・バザー・個人間取引など）、有料レッスンでの使用を含め、
金銭の授受が発生する一切の行為を禁止しています。個人で手づくりを楽しむためにのみご利用ください。

レ・トリプレ みつごちゃん とは

パリに暮らすみつごちゃんの様子を描いたニコル・ランベールさんの絵本のシリーズ。雑誌フィガロに連載されフランスで大人気となり、現在までに27冊の書籍が出版されています。1983年からはじまり、2023年には誕生40年を迎えますます盛り上がりを見せています。

人物紹介
LES PERSONNAGES

1
女の子
LA FILLE

たくましい上に賢くって合理的。
物知りで生まれつきどうどうとしています。

2
男の子 1
LE GARÇON 1

とても向こうみず、
そしてせっかちで生意気。
いたずらとおふざけのチャンピオン！

3
男の子 2
LE GARÇON 2

夢想家であり、詩人。
名言とシュールな
世界のスペシャリスト。
私たちに子供の目を通した
世界を見せてくれます。

トト
TOTO

洗練された流行の犬種フレンチブルドッグ。
トトの登場はみつごちゃんたちに
衝撃を与えました。
だって、3人よりいたずらなんですから！

MON JOURNAL DE PARIS.

ニコルさんのパリ日記

パリにある私のアパルトマンは、通りから見るとパリらしい古い建物。その1階と2階、建物の後ろにある中庭、そして庭の奥の2階建てのアトリエが私のパリの家です。玄関ドアの内側に広がっているのは通りからは想像しにくい別世界。アトリエの窓を開けていると庭から小鳥が迷い込んで来ることもあり、とても気に入っています。そんなパリの生活の中で大切にしているのは花を絶やさないこと。ノルマンディーから戻るとまず近所の花屋さんに直行します。最近のマイブームは白い花！　今日も植木鉢に植えられた季節の白い花を買って帰りました。飾るとしばらく留守にして寒々としていたアパルトマンの中が一気に優しい雰囲気に包まれます。今は2冊の「みつごちゃん」の新刊を描いている真っ最中。この忙しさを乗り切るには、まず自分が気に入るように生活を整え、良い気分で創作に向かうことが大切なんです。私のパリ生活には花が欠かせません。まさに「花の都パリ」ですね。

1 中庭に面した大きなガラス窓から日が差し込む明るいアトリエ。　**2** 絵本は「みつごちゃん」だけではありません。こちらもいろいろな国で翻訳されている人気のシリーズ。2024年末には中国でも出版されました。　**3** 読書が大好きなのでたくさんの本があり、階段もまるで図書室になってしまいました！　フランス語の本だけでなく、祖父の影響で好きになった日本の美術書なども何冊もあります。　**4** パリのアパルトマンとは思えない、まるで一軒家のようなサロンがお気に入り。

5 このアパルトマンを購入した時に、自分の好きなようにデザインしたキッチン。細部までこだわりが詰まっています。 6 暖炉の上に飾っているのは私の子供たちの写真です。 7 ヴォージュ広場はパリの中でも大好きな場所のひとつ。 8 自然がいっぱいのアパルトマンの中庭はとてもは静かで聞こえるのは鳥のさえずりだけ。 9 パリに戻るとまず近所の花屋さんを訪れます。

パリのみつごちゃん

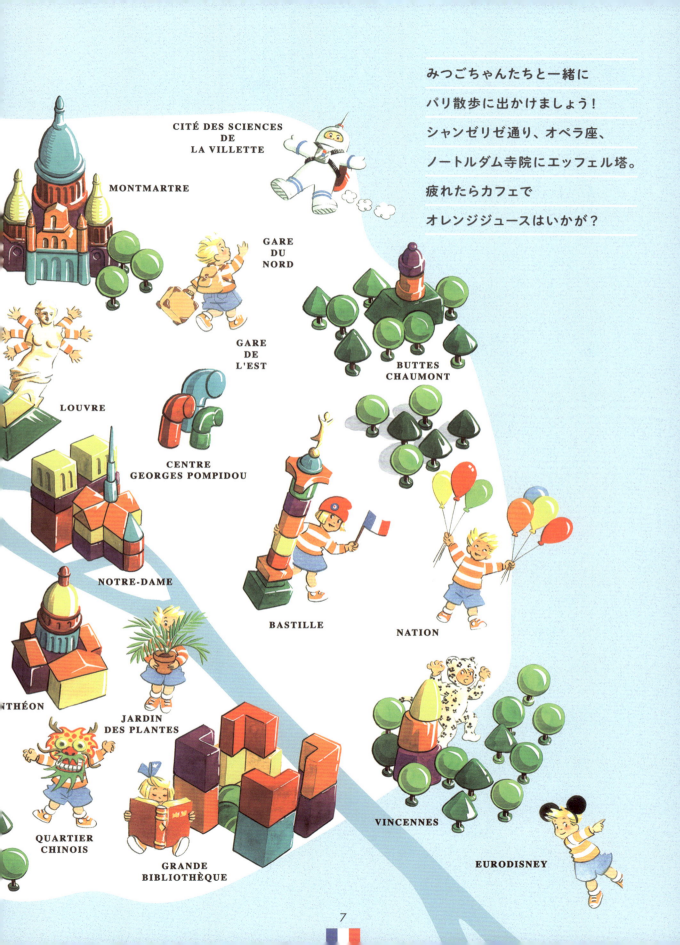

人物紹介
LES PERSONNAGES

図案 ... p.48
Design ... Yumiko Masuda
Stitch ... Yumiko Hatada

1
女の子
LA FILLE

2
男の子 1
LE GARÇON 1

3
男の子 2
LE GARÇON 2

4
エッフェル塔
LA TOUR EIFFEL

図案 ... p.50
Design & Stitch ... Yumiko Yasuda

Les triplés

5
フランスパン
LE PAIN FRANÇAIS
図案 ... p.51
Design ... Yumiko Masuda
Stitch ... Shuei

みつごちゃんのクリスマス

クリスマスツリーの
4つのオリジナルな飾り方
by みつごちゃん

6
幸せとは…
LE BONHEUR...

図案 … p.52
Design … Yumiko Masuda
Stitch … Naomi Kato

7
ヤドリギ
LE GUI
図案 ... p.53
Design & Stitch ... Yumiko Masuda

8
クリスマス
NOËL
図案 ... p.56
Design & Stitch ... Yumiko Yasuda

MON JOURNAL DE NORMANDIE.

ノルマンディーの暮らし

パリジェンヌの私ですが、今では多くの時間をノルマンディーの家で過ごすようになりました。きっかけはコロナウイルスの流行。当時パリではアパルトマンから外に出ることもできませんでした。そんな中、偶然ノルマンディーで過ごしてみたところ、その心地良さに感動し古い家を購入し改装。ここは豊かな自然にあふれ、緑に包まれています。庭にはノルマンディー名物のリンゴの木もあちこちにあり、最近は家庭菜園ポタジェも始めおいしいトマトが収穫できました。良い季節には外に出て、庭のテーブルのまわりがリビングに。寒くなると仕事はアトリエではせず、ダイニングルームのストーブのそばが定位置。身体だけでなく気持ちまであたたまります。それから地元農家で作られた新鮮な野菜やチーズが買える朝市も楽しみのひとつ。そういうわけで今はノルマンディーの生活が中心になっています。そんな様子は絵本『いなかのみつごちゃん』でご覧下さいね！

1 仕事はダイニングにあるストーブのそばで。　**2** 近所の朝市で買った地元農家の新鮮なフルーツ。　**3** 今はペットはネコだけですが、「みつごちゃん」に登場するのは犬の「トト」。犬も大好きで、またぜひ飼ってみたいと思っています。　**4** 庭を散歩。敷地内には典型的なノルマンディースタイルの建物もあります。

5 窓が多く明るいサロン。どの窓からも広い庭が見渡せます。　6 花好きなので玄関のまわりはたくさんの花に囲まれるようにしました。
7 庭の木にはヤドリギがあちこちに。この本の図案にも登場しますね。
8 ジャムが大好き！　季節の果物で作ったいろいろな種類の手作りジャムをストックしています。ノルマンディー名物のバターは塗るというより塊をパンに乗せます！　9 大好きなノルマンディーについてはいろいろと話がつきません。

19

お花
LES FLEURS
図案 ... p.58
Design & Stitch ... Yumiko Yasuda

10
トト
TOTO

図案 ... p.60
Design & Stitch ... Yumiko Yasuda

花束
LES BOUQUETS

図案 ... p.60
Design ... Yumiko Masuda
Stitch ... Shuei

11

12

13

幸運のお守り
PORTE-BONHEUR
図案 ... p.62
Design ... Yumiko Masuda
Stitch ... Sanae Watanabe

16

みつごちゃんのお気に入り

学校、パティスリー、お人形、友だちとのはちゃめちゃなパーティ。
大好きなものはたくさんあるけれど、
みつごちゃんたちのいちばんのお気に入りは···もちろんママン！

ハート
EN CŒUR
図案 ... p.64
Design ... Yumiko Masuda
Stitch ... Shuei

20
トトと一緒
AVEC TOTO

図案 ... p.66
Design ... Yumiko Masuda
Stitch ... Yoshiko Sawaji

21
ジャム
LA CONFITURE

図案 … p.67
Design … Yumiko Masuda
Stitch … Yoshiko Sawaji

22
お菓子
LA PÂTISSERIE

図案 ... p.68
Design ... Yumiko Masuda
Stitch ... Naomi Kato

23
色鉛筆
LES CRAYON DE COULEUR
図案 ... p.78
Design ... Yumiko Masuda
Stitch ... Yumiko Hatada

24
学校
L'ÉCOLE

図案 ... p.70
Design ... Yumiko Masuda
Stitch ... Shuei

25

26

ノルマンディー
LA NORMANDIE
図案 ... p.72
Design ... Yumiko Masuda
Stitch ... Shinomi Hikosaka

27

星
TROIS ÉTOILES
図案 ... p.74
Design ... Yumiko Masuda
Stitch ... Shuei

34
サンプラー
SAMPLER
図案 ... p.46
Design ... Yumiko Masuda
Stitch ... Shuei

クロスステッチの基礎

刺しゅう糸

この本の作品はすべてDMC25番刺しゅう糸を使用しています。世界中で愛されるフランス製の刺しゅう糸で、500色（グラデーション18色含む）ものカラーバリエーションをもつコットン100％の糸です。図案には色番号が記してありますが、好みの色合いでも刺してください。
細い糸6本をゆるくより合わせてあり、1束の長さは約8m。使いやすい長さにカットして必要本数を引きそろえて使います。

針

クロスステッチ針は針穴が大きく、布の織り糸や刺してある糸を割らないように針先が丸くなっています。刺しゅう糸の本数や太さ、布の厚さや織り目の密度に合わせて針の番手を使い分けると刺しやすく、きれいに仕上がります。針は太く・長いものほど番手が小さく、番手が大きくなるほど細く・短くなります。

布

クロスステッチは布に図案を写さずに、図案のマス目と布の織り目（マス目や織り糸）を数えながら刺していくので、縦・横の織り目が同比率で織り目が数えやすい布が適しています。この本では等間隔のすき間をあけて織られているアイーダ（コットン）と、平織りの刺しゅう用リネンを使用しています。初心者の人はアイーダがおすすめです。同じ図案を刺しても、布のカウント数によって刺し上がりのサイズが変わります。

アイーダ14カウント　55目／10cm
（10cm平方内に55×55目）

アイーダ16カウント　60目／10cm
（10cm平方内に60×60目）

アイーダ18カウント　70目／10cm
（10cm平方内に70×70目）

（写真のアイーダはすべて実物大）

刺しゅう用リネン28カウント
110目／10cm　※2×2目を1目で刺すと55目／10cmになるのでアイーダ14カウントと同サイズに刺し上がります

25番刺しゅう糸の扱い方

1 25番刺しゅう糸は細い糸6本がゆるくより合わされた状態になっています。ラベルは外さずに6本どりのまま糸端をつまんでそっと引き出します。

ラベル部分を押さえる

2 40〜50cmにカットします。糸が長すぎると刺していくうちに毛羽立ってくるので注意。

3 切った糸端のよりを軽くほぐし、細い糸を1本ずつ、必要な本数を引き抜きます。

4 引き抜いた糸の端をそろえてまとめます（2本どりなら2本）。糸を1本ずつ抜いてそろえ直して使うことで、ふっくらときれいな針目に仕上がります。

針に糸を通す

1 糸端を針の頭の薄い部分（針穴の側面）に引っかけて二つ折りにします。

2 針穴部分の糸を指先ではさみ、つぶして平らにします。指は糸をはさんだ状態のままで、針を下へ引き抜きます。

針を抜く

3 糸をはさんだ指をそのまま離さずに、二つ折りで平らになった糸の輪を針穴へ通します。

糸の輪

4 針穴に通った糸の輪をつまんで引き出します。

布目の大きさを表すカウント（ct）

カウント（図案中では「ct」と略して表記）は布の織り目の大きさの単位で、1インチ（約2.54cm）内の織り目（織り糸）の数を表しています。14カウントは約2.54cm内に織り目が14目、ということ。カウント数は大きいほど布目が細かく、同じ図案でも刺し上がりの寸法は小さくなります。リネンは目が細かいので、2×2目を1目として刺すのが一般的です。

針を入れる位置

4目が集まる中心の穴には針が合計4回通る。

アイーダ
1マスに×ひとつ刺す

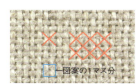

リネン（目の細かい平織り布）
織り糸2×2本に×ひとつ刺す

クロスステッチの刺し方

クロスステッチは1マスの中に ╱ と ╲ の針目を重ねて×になるように刺していきます。
図案を仕上げるために連続して刺す時は、糸の色ごとに効率的に刺すのがおすすめです。
╱ と ╲ の重なりはどちらが上か、図案全体でそろえて刺すと仕上がりがきれいに見えます。
効率的な刺し方は79ページでご紹介しています。

基本の刺し方（×ひとつ）

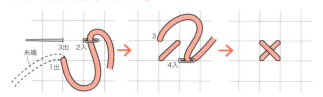

図案の見方

図案内には色を表す番号が入っていて1マス＝×1目分になります。
記号の後の数字はDMC25番刺しゅう糸の色番号です。

刺し始め、刺し終わり

布の裏側で刺し始め・終わりの糸端を始末すれば、表側もすっきり仕上がります。

刺し始め

1 玉結びはせず、刺し始め位置から少し離れたところに表側から針を入れ、刺し始め位置に針を出します。

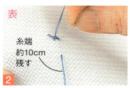

2 1の糸を引き、表側に糸端を10cm位残して刺し始めます。この糸端は後で始末します。

糸端の始末がいらない刺し始め「ループメソッド」

糸が偶数本どりの時のみにできるおすすめの手法です。

1 2本どり、4本どりのように糸が偶数本の場合、糸を二つ折りにし、輪の方を針穴に通します。

2 布の裏側から刺し始めの針を入れ、1目を刺して裏側へ針を出します。糸の輪は裏側に残しておきます。

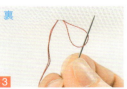

3 2で残した糸の輪に針を通し、糸を引いて輪を締めます。

4 糸の輪が針目の中央にくるように調整します。糸が固定され、表側は1目の╱が刺せています。

糸の始末

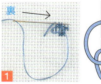 

1 刺し終わりも玉どめはせず、裏側に渡っている糸（針目）に糸端をくぐらせて始末します。1目めは右図のように糸をからげておくと抜けにくくなります。

2 裏側に渡っている糸を3目位すくい、糸を引いてカットします。引き過ぎて表側の針目に響かないように注意。

 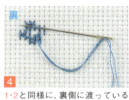

3 刺し始めの糸端も始末します。最初に残した糸を裏側へ引き出し、針に通します。

4 1・2と同様に、裏側に渡っている糸をすくってくぐらせ、カットします。

5 糸始末が済んだところ。裏側の糸が縦に渡っている場合は、右図のように糸端をくぐらせます。

34

サンプラー
SAMPLER

作品55ページ

刺しゅう糸：
　DMC25番刺しゅう糸指定外2本どり
布：DMC アイーダ14ct（55目／10cm）
　　白（BLANC）
刺しゅうサイズ：約19.6×25 cm

記号	色番号
∴	BLANC
╱	310
─	321
─	518
✴	535
∵	676
V	745
U	746
●	948
─	951
＋	3779
∶	3853
∴	3854

＊線描きはストレートステッチ3031（1本）

ストレートステッチ

バックステッチ

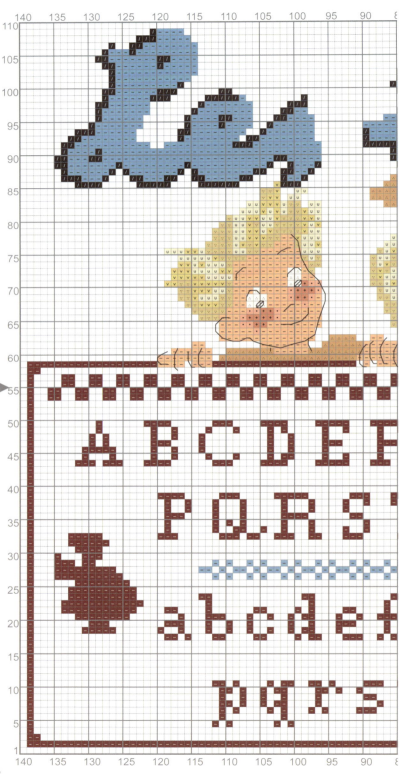

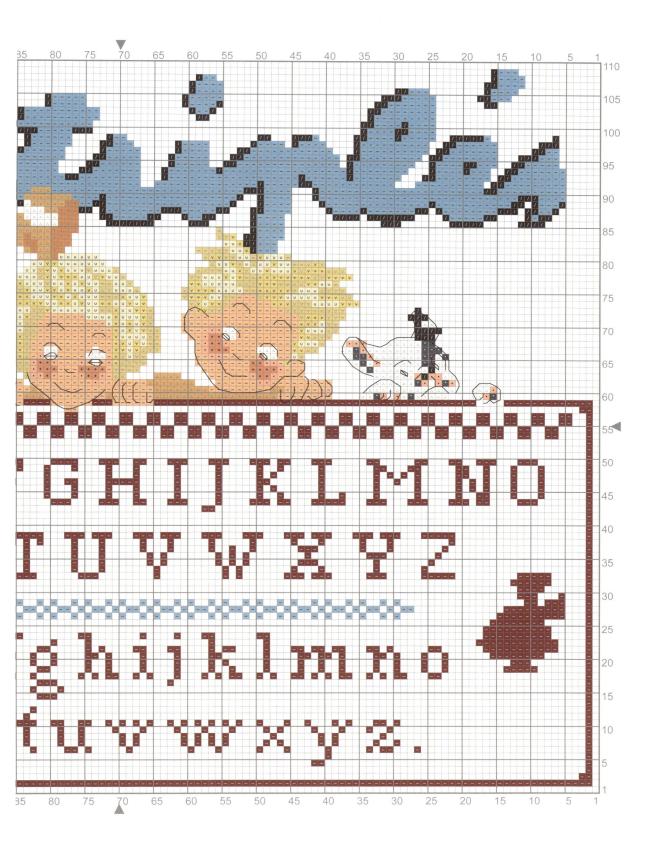

人物紹介
LES PERSONNAGES
作品8ページ

刺しゅう糸：DMC25番刺しゅう糸指定外2本どり
布：DMCアイーダ14ct（55目／10cm）オフホワイト（712）
刺しゅうサイズ：約13.3×9cm（1点）

∴	BLANC	v	312	∧	326	C	434	⊢	437	@	642	∵	676	—	728
⌀	738	v	745	U	746	+	762	⊗	780	⊖	782	•	948	—	951
U	3031	☆	3325	<	3755	&	3756	+	3779				

＊線描きはストレートステッチ3031（1本）

48

4

エッフェル塔
LA TOUR EIFFEL

作品9ページ

刺しゅう糸：DMC25番刺しゅう糸指定外2本どり
布：DMCリネン28ct（11目／1cm）ホワイト（B5200）指定以外2×2目を1目で刺す
※ハート内の英字は糸1本で1×1目に刺す（p.54の拡大図案を参照）
刺しゅうサイズ：約25.3×15.3cm

記号	色番号
・	BLANC
V	317
□	318
Y	321
=	414
△	415
H	434
T	435
O	727
U	754
W	796
∧	798
‖	815
／	823
＼	834
I	948
A	950
—	317
—	318
—	321
—	414
—	3799
—	3799（瞳・2本どり）
—	BLANC（2本どり）

＊図中の太線はバックステッチまたはストレートステッチ（指定以外糸1本）

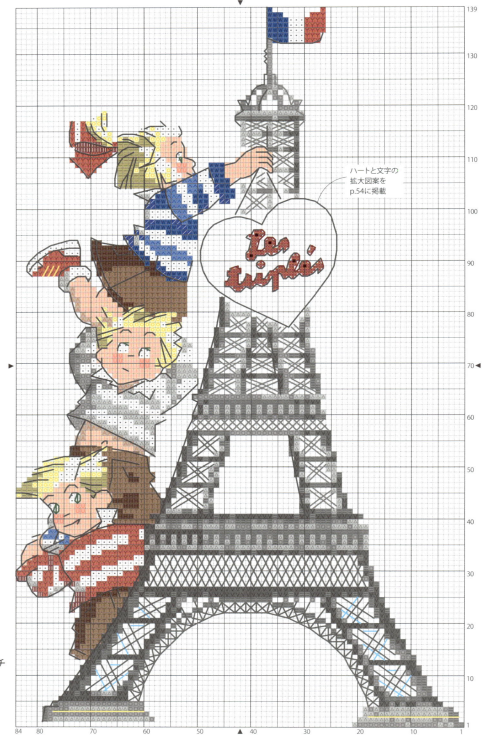

ハートと文字の拡大図案をp.54に掲載

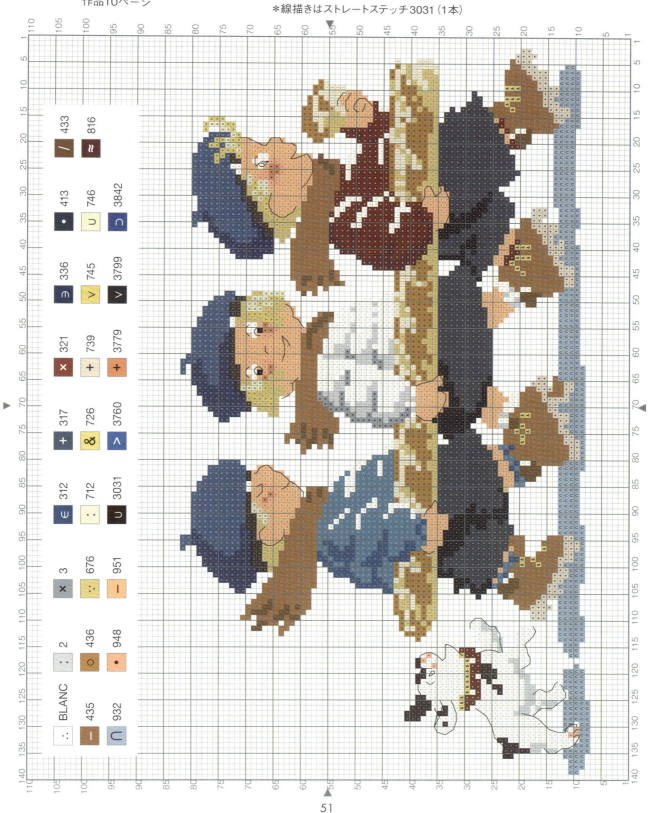

幸せとは…
LE BONHEUR...

作品15ページ

刺しゅう糸：DMC25番刺しゅう糸
　　　　　指定外2本どり
布：DMC アイーダ16ct
　　（60目／10cm）白（BLANC）
刺しゅうサイズ：約32.5×27.6cm

∴	BLANC	%	801
=	2	−	904
<	15	≈	905
×	600	•	948
:	602	−	951
&	612	U	3031
∵	676	C	3689
V	745	+	3779
U	746	C	3820
>	762	o	3821

＊線描きはストレートステッチ3031
　女の子・男の子の瞳は2本どり
　それ以外は1本

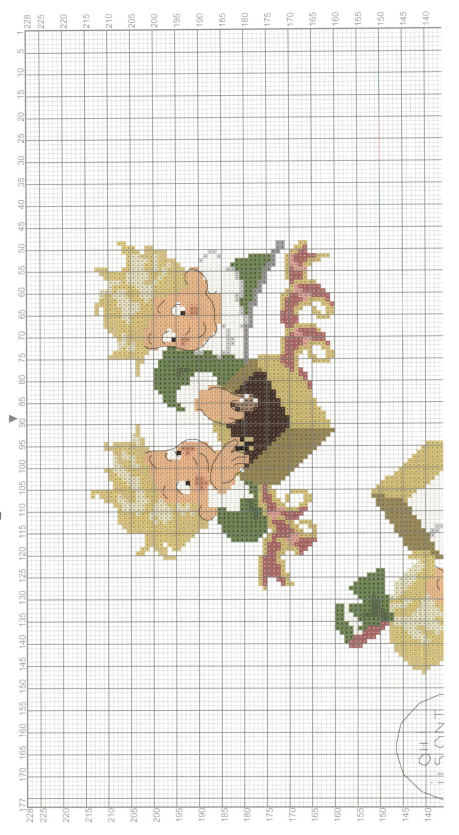

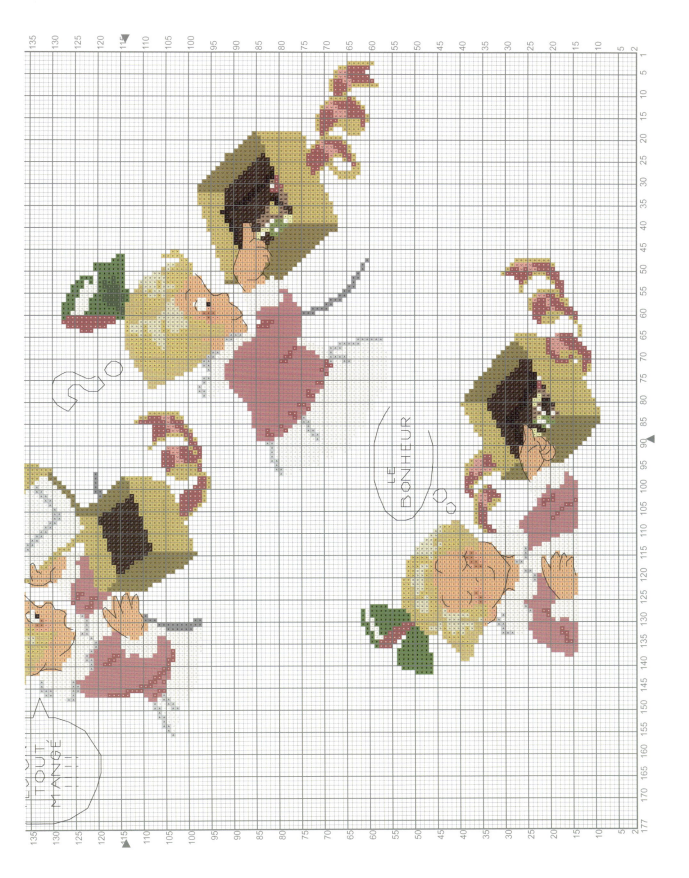

7 ヤドリギ
LE GUI
作品16ページ

刺しゅう糸：DMC25番刺しゅう糸指定外2本どり
布：DMCリネン28ct（11目／1cm）ホワイト（B5200）指定以外2×2目を1目で刺す
※英字は糸1本で1×1目に刺す（拡大図案を参照）
刺しゅうサイズ：約24.2×14.5cm

記号	色番	記号	色番	記号	色番	記号	色番	記号	色番	記号	色番
V	BLANC	■	310	L	517	•	518	≡	519	T	524
U	600	□	645	O	646	/	676	A	739	∧	745
＋	746	△	775	⊓	895	×	948	|	951	＝	3046
◎	3779	—	3805	—	3371（1本）	—	3371（目・2本どり）				

＊図中の太線はバックステッチまたはストレートステッチ

拡大図案

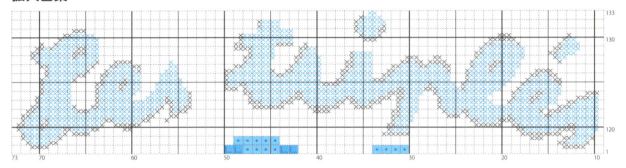

＊すべてDMC25番刺しゅう糸　× 519（1本）　× 310（1本）　＊ともにリネンの織り糸1×1目にクロスステッチ
刺しゅうサイズ：約2.8×11.5cm

4 エッフェル塔（部分）
LA TOUR EIFFEL
全体の図案は50ページ

× （リネンの織り糸1×1目にクロスst.）

— 321（1本）　— 3799

＊図中の太線はバックステッチ
　またはストレートステッチ
＊すべてDMC25番刺しゅう糸・1本
刺しゅうサイズ：約4.5×4.7cm

フレンチノットステッチ

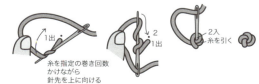

糸を指定の巻き回数
かけながら
針先を上に向ける

拡大図案

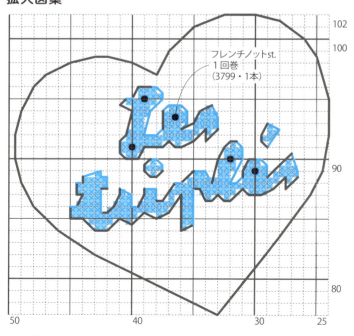

フレンチノットst.
1回巻
（3799・1本）

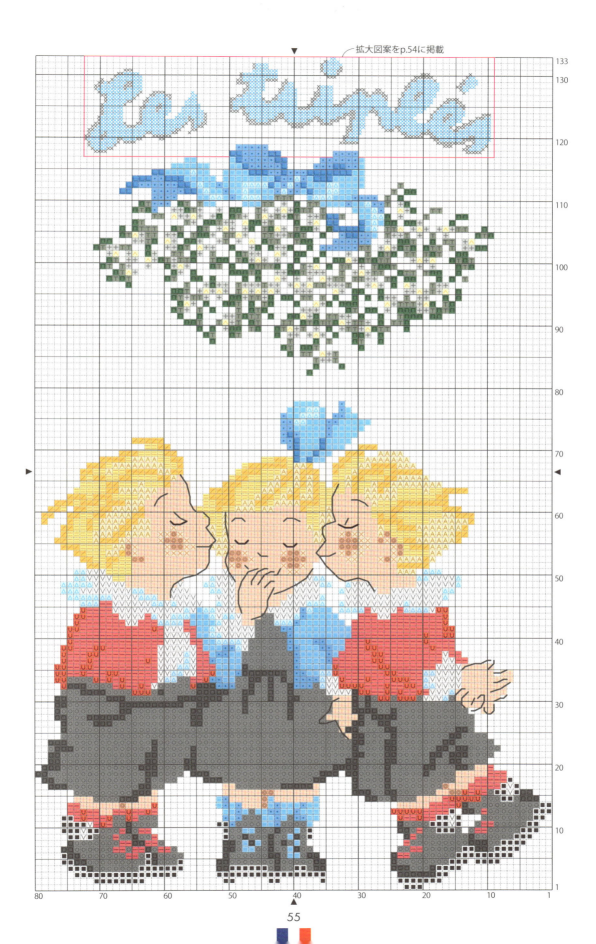

8 クリスマス
NOËL
作品17ページ

刺しゅう糸：DMC25番刺しゅう糸指定外2本どり
布：DMCリネン28ct（11目／1cm）ホワイト（B5200）指定以外2×2目を1目で刺す
※右上のマーク部分は糸1本で1×1目に刺す（拡大図案を参照）
刺しゅうサイズ：約19.5×20cm

●	BLANC	△ 151	V 321	◉ 415	A 420	
—	422	U 500	○ 727	◻ 754	γ 762	
＋	772	× 813（右上のマーク・糸1本で1×1目に刺す）				
‖	815	H 834	⊘ 932	◇ ①935＋①370（2本どり）		
▫	948	T 3021	／ 3364	N 3727	∧ 3761	
L	3787	■ 3799				

— 151 — 727 — 813（右上のマーク）
— 3761 — 3799 — 3799（目・2本どり）

＊図中の太線はバックステッチまたはストレートステッチ（指定以外糸1本）

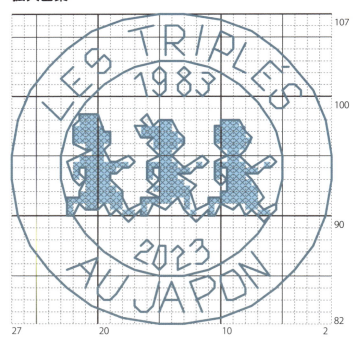

拡大図案

 （リネンの織り糸1×1目にクロス st.）

＊図中の太線はバックステッチまたはストレートステッチ
＊すべてDMC25番刺しゅう糸813・1本
刺しゅうサイズ：約4.7×4.7cm

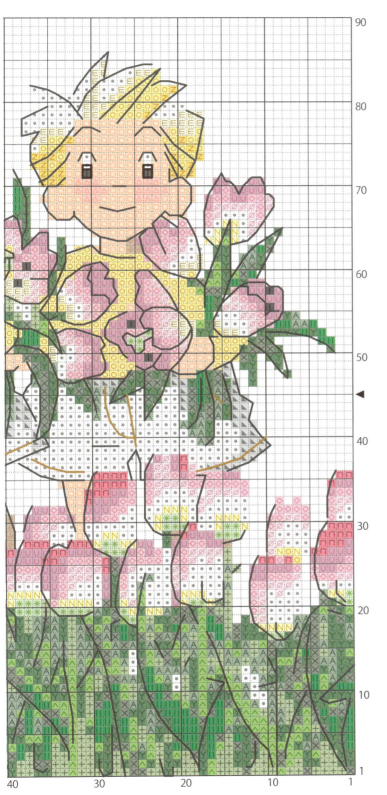

9
お花
LES FLEURS
作品22ページ

刺しゅう糸：DMC25番刺しゅう糸
　指定外2本どり
布：DMCリネン28ct（11目／1cm）
　水色（312）2×2目を1目で刺す
刺しゅうサイズ：約16.4×19.8cm

●	BLANC	△	758
◣	2	✚	772
✳	12	═	782
○	17	Y	905
⌀	23	□	945
✕	320	A	3072
∥	407	◇	3689
N	445	▮	3799
‖	701	⊓	3805
∧	703	U	3806
E	745	Z	3821

— BLANC

— 3799

— 3799（2本どり・瞳、犬の瞳・
　鼻・顔の模様・尾）

— 3821（2本どり）

● フレンチノットステッチ
　3799（2本どり・1回巻）

＊図中の太線はバックステッチ
　またはストレートステッチ（指定以外糸1本）

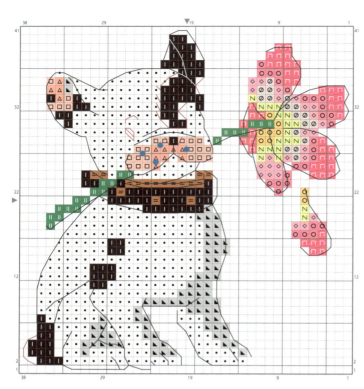

10 トト
TOTO
作品23ページ

刺しゅう糸：DMC25番刺しゅう糸指定外2本どり
布：DMCリネン28ct（11目／1cm）
　　ホワイト（B5200）2×2目を1目で刺す
刺しゅうサイズ：約7.07×7.8cm

●	BLANC	≡	782	═	BLANC
◼	2	□	945	──	3799（2本どり）
○	17	⊓	3805	──	3799
⊘	23	◯	3806	●	フレンチノットステッチ 3799（2回巻き）
N	445	◇	3689		
‖	701	I	3799		*図中の太線は バックステッチ（1本）
△	758				

花束
LES BOUQUETS
作品24ページ

刺しゅう糸：DMC25番
　　刺しゅう糸指定外2本どり
布：DMCアイーダ14ct
　　（55目／10cm）白（BLANC）
刺しゅうサイズ：
　　約13.3×9.5cm（1点）

∴	BLANC	×	762
=	369	●	948
∴	676	─	951
─	700	⊃	961
/	726	<	963
×	727	U	3031
v	745	∶	3716
U	746	+	3779

*線描きはストレートステッチ
　3031（1本）

11

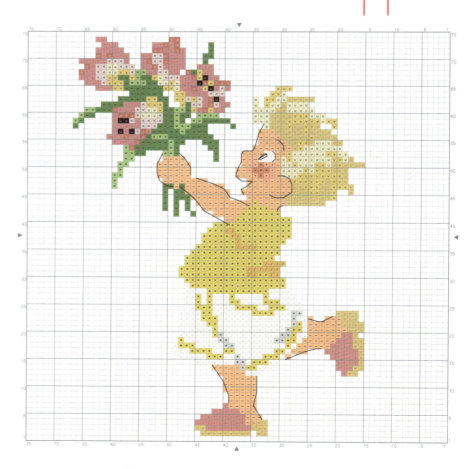

14

15

幸運のお守り
PORTE-BONHEUR
作品26ページ

刺しゅう糸：DMC25番刺しゅう糸指定外2本どり
布：DMCアイーダ14ct（55目／10cm）ピンク（963）・水色（162）・黄緑（3813）
刺しゅうサイズ：約11.5×8.9cm（1点）

記号	色番	記号	色番	記号	色番	記号	色番	記号	色番
∴	BLANC	⋅⋅	676	V	745	U	746	×	762	●	948	—	951
≈	977	U	3031	—	3347	=	3348	/	597	+	3779	×	3809
:	3810	/	3827	○	3834	・	3835

＊線描きはストレートステッチ3031（1本）、14のクローバーは3347（1本）
＊15のてんとう虫はサテンステッチ（赤321、黒310）

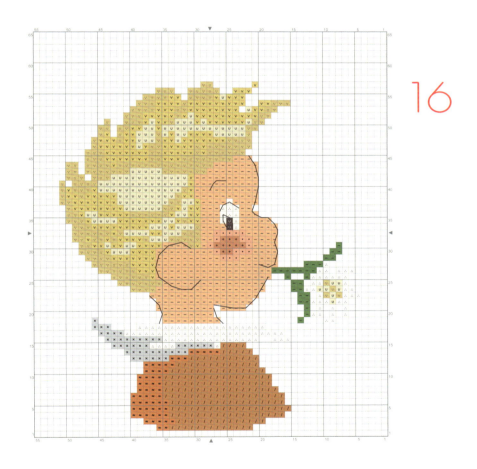

16

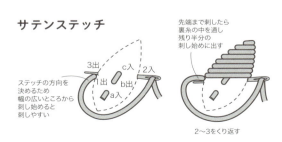

サテンステッチ

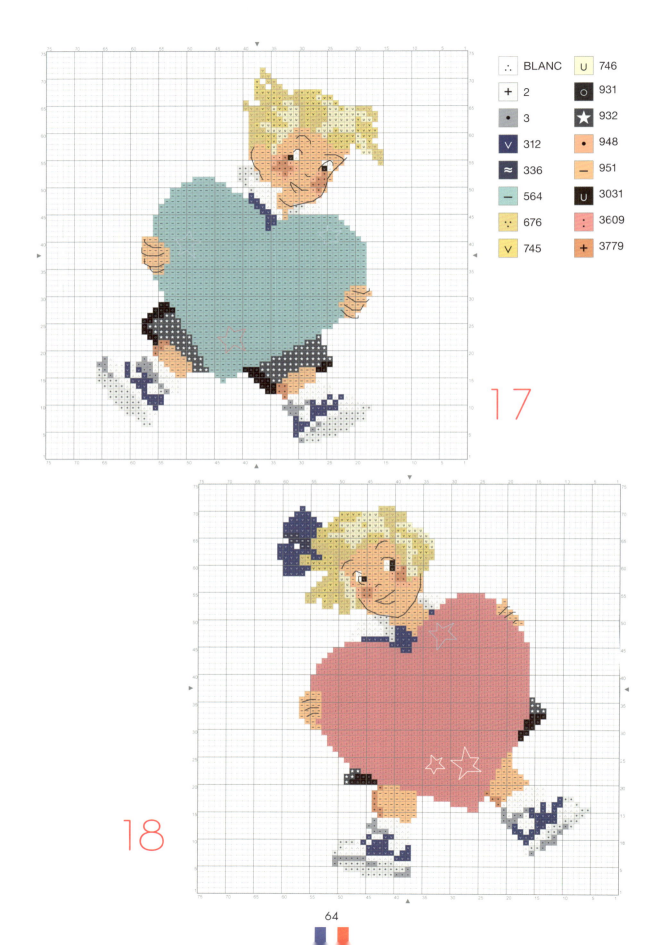

ハート
EN CŒUR
作品30ページ

刺しゅう糸：DMC25番刺しゅう糸指定外2本どり
布：DMCアイーダ14ct（55目／10cm）生成り（ECRU）
刺しゅうサイズ：約12.4×7.5cm（1点）

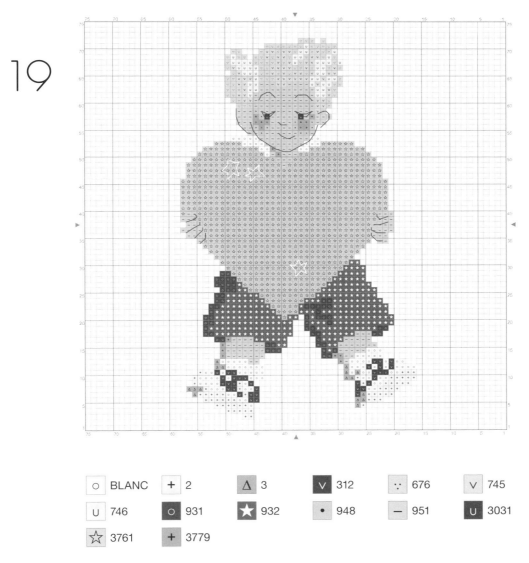

19

○ BLANC	＋ 2	△ 3	V 312	∴ 676	v 745
U 746	○ 931	★ 932	• 948	— 951	U 3031
☆ 3761	＋ 3779				

＊線描きはストレートステッチ
　星は好みの色で2本どり、顔は3031（1本）

20 トトと一緒
AVEC TOTO
作品31ページ

刺しゅう糸：DMC25番刺しゅう糸指定外2本どり
布：DMCリネン28ct（11目／1cm）オフホワイト（3865）2×2目を1目で刺す
刺しゅうサイズ：約17.6×15.8cm

*線描きはストレートステッチ 3031（1本）
*犬の耳・尻尾　BLANC（1本）

21 ジャム
LA CONFITURE
作品32ページ

刺しゅう糸：DMC25番刺しゅう糸指定外2本どり
布：DMCリネン28ct（11目／1cm）オフホワイト（3865）2×2目を1目で刺す
刺しゅうサイズ：約12.4×10.2cm

○ BLANC	× 1	< 2	⊃ 326	∴ 676
& 727	v 745	U 746	☆ 815	⊂ 904
− 905	• 948	− 951	+ 3779	

＊線描きはストレートステッチ3031（1本）

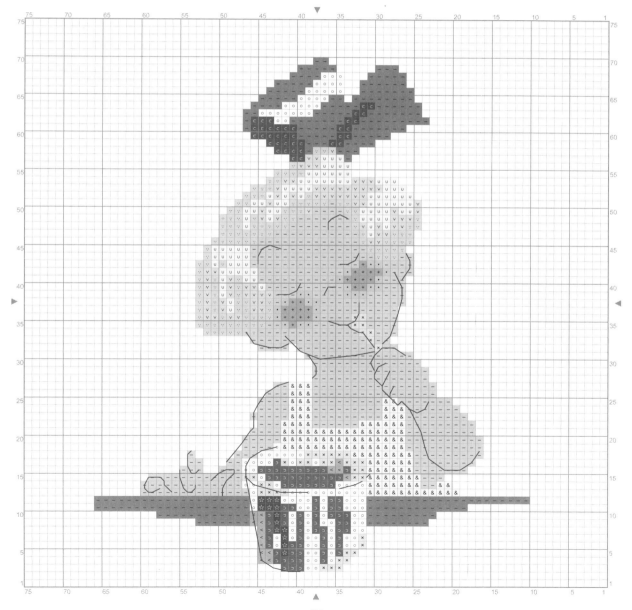

指定以外クロスst.

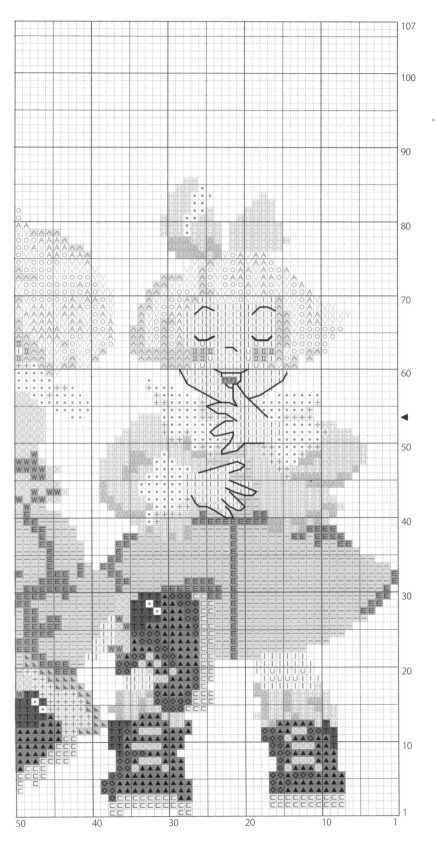

22
お菓子
LA PÂTISSERIE
作品33ページ

刺しゅう糸：DMC25番刺しゅう糸
　　　　　指定外2本どり
布：DMCリネン28ct（11目／1cm）
　　ホワイト（B5200）
　　2×2目を1目で刺す
刺しゅうサイズ：約19.5×23.5cm

●	BLANC	Y	801
＋	1	N	815
◣	2	U	948
◎	15	I	951
⊓	304	△	962
W	422	⊏	3033
◇	435	E	3045
▲	436	∧	3046
V	677	※	3348
✳	729	H	3716
−	738	Ⅱ	3779
○	745	✕	3822
A	746	T	3857

＊図中の太線はバックステッチ
　またはストレートステッチ
　3781（1本、目のみ2本どり）

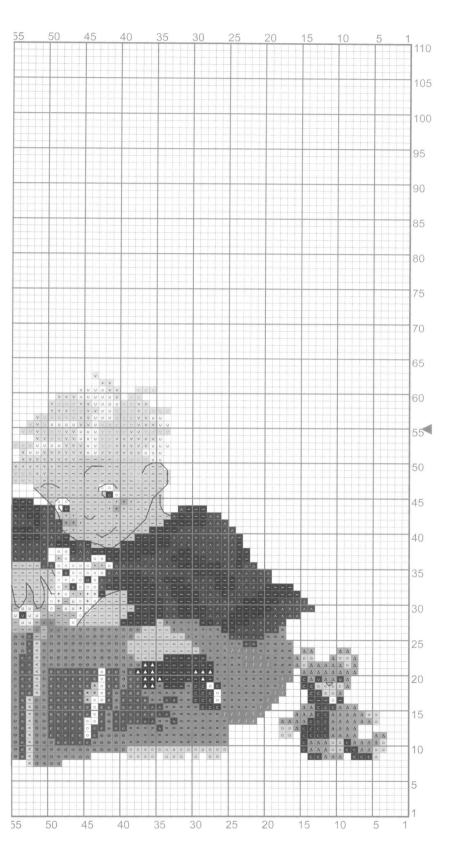

24
学校
L'ÉCOLE
作品35ページ

刺しゅう糸：DMC25番刺しゅう糸
　指定外2本どり
布：DMCアイーダ14ct
　（55目／10cm）白（BLANC）
刺しゅうサイズ：約16.4×24.4cm

○	BLANC	<	738
▲	311	o	739
—	312	V	745
∧	326	U	746
∈	355	+	762
C	433	•	780
△	434	⊖	782
/	435	—	816
=	436	•	948
⊢	437	—	951
U	611	≈	975
—	612	U	3031
∴	676	+	3779
×	728		

＊線描きはストレートステッチ
　3031（1本）

ノルマンディー
LA NORMANDIE
作品38ページ

刺しゅう糸：DMC25番刺しゅう糸指定外2本どり
布：DMC アイーダ14ct（55目／10cm）オフホワイト（712）
刺しゅうサイズ：約7.5×8.2cm（1点）

| ○ BLANC | ☆ 321 | ∴ 676 | v 745 | U 746 | ★ 803 |
| / 816 | ● 948 | — 951 | U 3031 | + 3779 | |

＊線描きはストレートステッチ3031（1本）

25

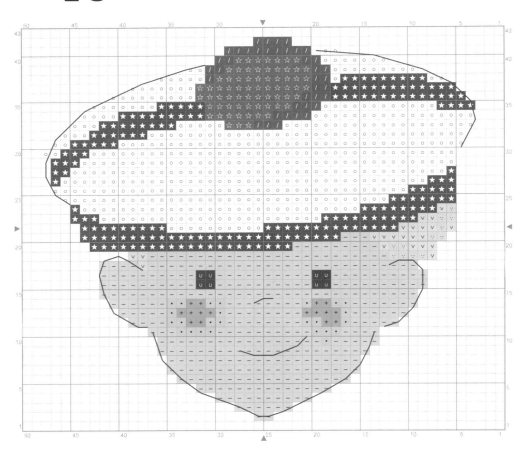

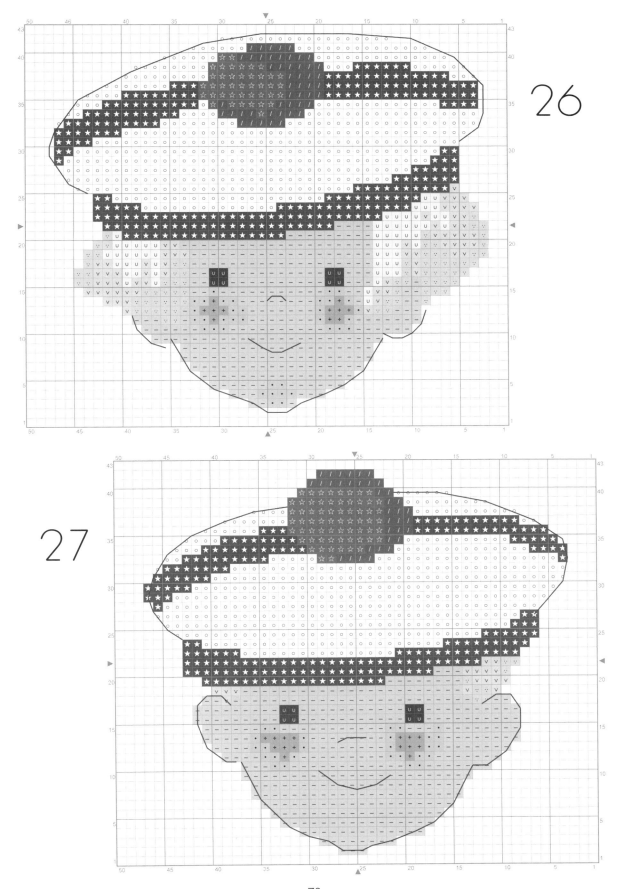

73

星
TROIR ÉTOILES
作品39ページ

刺しゅう糸：DMC25番刺しゅう糸指定外2本どり
布：DMC アイーダ14ct（55目／10cm）生成り（ECRU）
刺しゅうサイズ：約11.1×11.8cm（1点）

○ BLANC	& 321	< 498	∴ 676	★ 726	■ 727
V 745	U 746	+ 762	× 833	• 948	− 951
U 3031	+ 3779	− 3865			

＊線描きはストレートステッチ3031（1本）

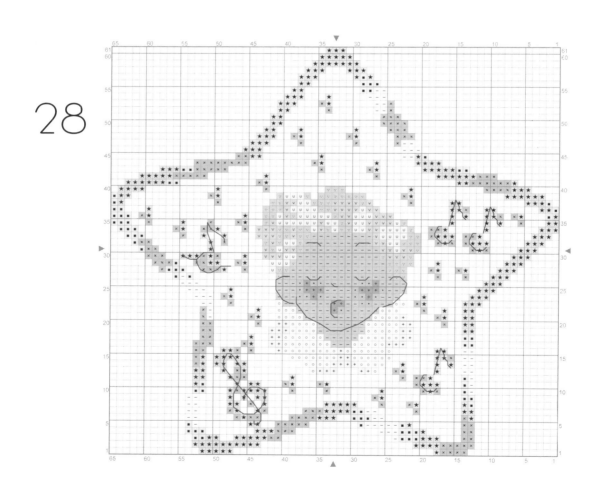

28

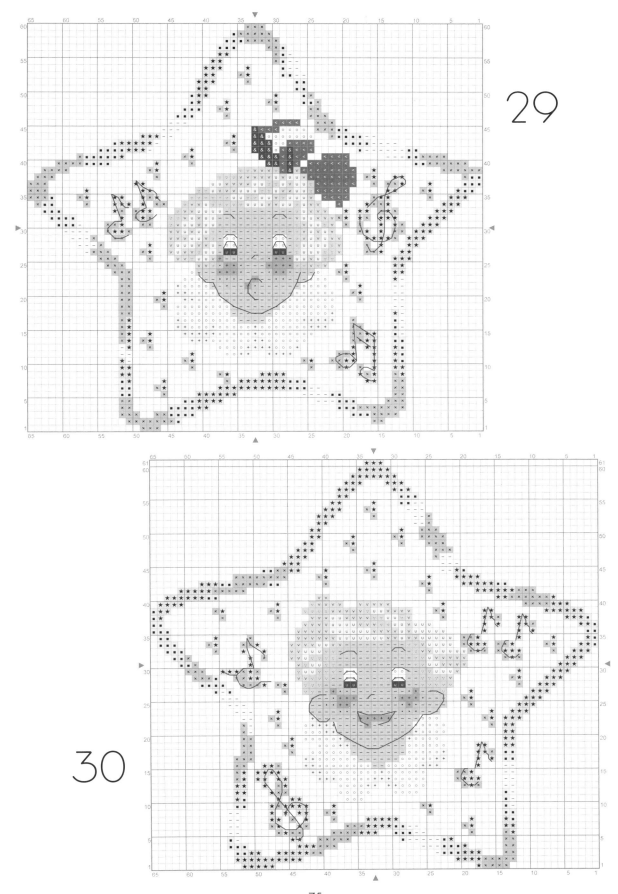

シルエット
SILHOUETTES
作品40ページ

刺しゅう糸：DMC25番刺しゅう糸指定外2本どり
布：DMCアイーダ14ct（55目／10cm）白（BLANC）
刺しゅうサイズ：約8.5×20.9cm（33）、約6.7×16.9cm（32）、約7.1×20.9cm（31）

32

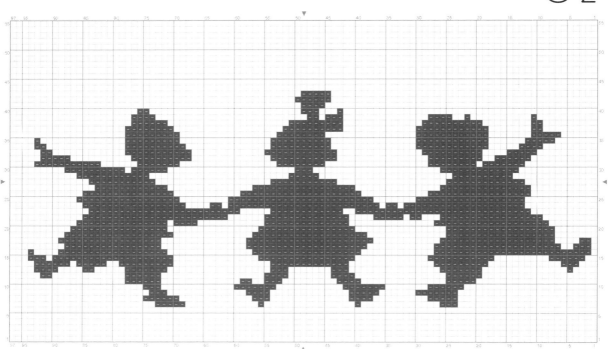

33

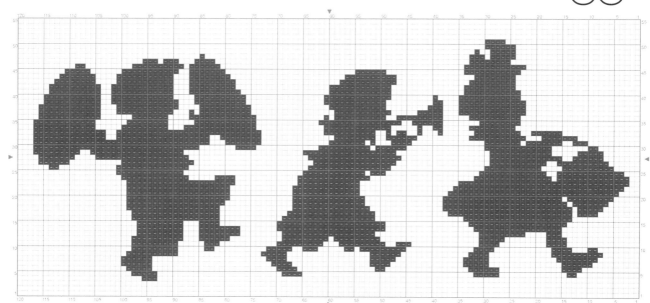

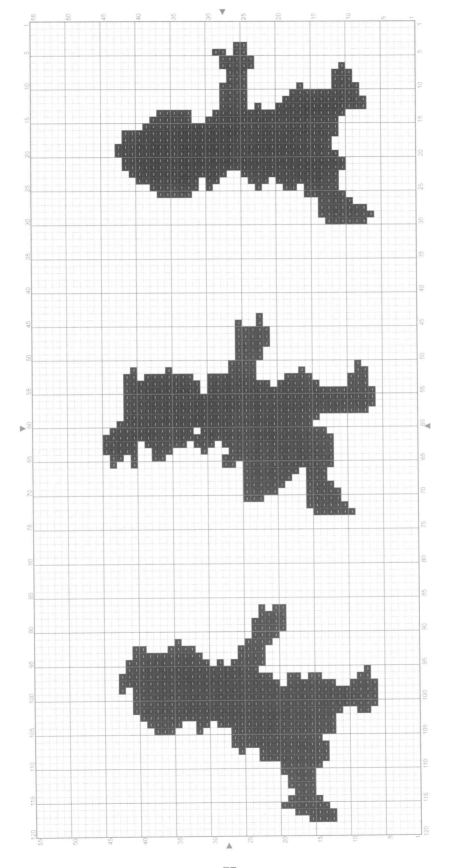

23 色鉛筆
LES CRAYONS DE COULEUR
作品34ページ

刺しゅう糸：DMC25番刺しゅう糸指定外2本どり
布：DMCアイーダ14ct（55目／10cm）生成り（ECRU）
刺しゅうサイズ：約10×8cm

○ BLANC	ー 312	∧ 326	∴ 676	v 745	U 746
• 948	ー 951	U 3031	< 3755	+ 3779	

＊線描きはストレートステッチ3031（1本）

クロスステッチの効率的な刺し方

／を続けて刺した上に＼を刺していきます

〈横方向に往復して刺す〉

右から刺し始める　　左から刺し始める

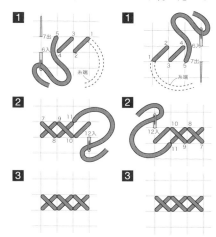

〈縦方向に往復して刺す〉

下から刺し始める

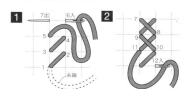

上から刺し始める

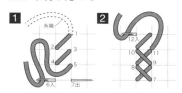

〈ななめに刺し進める〉

左下から右上に進む

右上から左下に進む

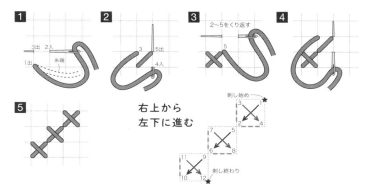

〈広い面積を埋めるように刺す〉

上から刺し始めて、下の列へ進む

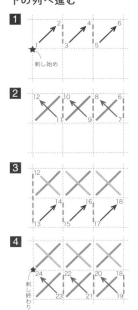

下から刺し始めて、上の列へ進む

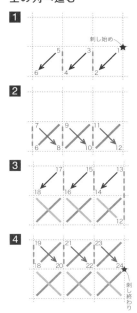

全体の／をまとめて刺してから＼を刺して戻る

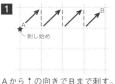

Aから↑の向きでBまで刺す。

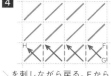

＼を刺しながら戻る。FからGへ出しHまで刺す。

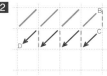

BからCへ出し、↓の向きでDまで刺す。

HからIへ出し、↓の向きでJまで刺す。

DからEへ出し、↑の向きでFまで刺す。

JからKへ出し、↑の向きでL（刺し終わり）まで刺す。

© Anthony Quittot

ニコル・ランベール
NICOLE LAMBERT

16歳から雑誌「ELLE」等のモデルとして活躍しその後美術系の学校で学んだ後、雑誌「マダムフィガロ」で連載を始めた「レ・トリプレ みつごちゃん」が大人気になりフランスの国民的キャラクターとなる。2024年にはアニメの第3シリーズがフランスのテレビで放映開始。日本でも30年程前に翻訳絵本が10冊以上出版され、アニメ放映、さらに食器、文具他さまざまな商品も販売された。40周年を記念し日本に再上陸し話題となっている。www.les-triples.com

手づくりに関する情報を発信中
日本ヴォーグ社 公式サイト

ショッピングを楽しむ
手づくりタウン

ハンドメイドのオンラインレッスン
CRAFTiNG
初回送料無料のお得なクーポンが使えます！詳しくはWebへ

手づくり専門カルチャースクール
ヴォーグ学園

日本ヴォーグ社の通信講座
手芸の学校

素材協力	ディー・エム・シー株式会社　https://www.dmc.com
刺しゅうデザイン	増田ゆみ子　YUMIKO MASUDA 安田由美子　YUMIKO YASUDA
企画協力・翻訳	山下映子　EIKO YAMASHITA
撮影協力	松浦香苗　KANAE MATSUURA (@KANAECOLLECTION)
ブックデザイン	石田百合絵　YURIE ISHIDA (ME&MIRACO) 塚田佳奈　KANA TSUKADA (ME&MIRACO)
撮影	白井由香里　YUKARI SHIRAI
刺しゅう制作協力	加藤奈保美 Shuei 沢路美子　畑田由美子　彦坂志乃美　渡邊早苗　BROWN
編集担当	石上友美　YUMI ISHIGAMI

レ・トリプレ みつごちゃんの
クロスステッチ図案帖

発行日	2025年4月24日
絵	ニコル・ランベール
発行人	瀬戸信昭
編集人	佐伯瑞代
発行所	株式会社日本ヴォーグ社 〒164-8705 東京都中野区弥生町 5-6-11 TEL 03-3383-0634（編集） 出版受注センター　TEL 03-3383-0650　FAX 03-3383-0680
印刷	株式会社シナノ

Printed in Japan　©NICOLE LAMBERT　©NIHON VOGUE-SHA 2025
ISBN 978-4-529-06471-2

あなたに感謝しております
We are grateful.

手づくりの大好きなあなたが、
この本をお選びくださいましてありがとうございます。
内容の方はいかがでしたでしょうか？
本書が少しでもお役に立てば、
こんなにうれしいことはありません。
日本ヴォーグ社では、
手づくりを愛する方とのおつき合いを大切にし、
ご要望におこたえする商品、
サービスの実現を常に目標としています。
小社および出版物について、
何かお気づきの点やご意見がございましたら、
何なりとお申し出ください。
そういうあなたに、私共は常に感謝しております。

株式会社日本ヴォーグ社社長　瀬戸信昭
FAX 03-3383-0602

・万一、乱丁本、落丁本がありましたら、お取り替えいたします。お買い求めの書店か小社出版受注センター（TEL 03-3383-0650）へご連絡ください。
・JCOPY〈出版者著作権管理機構 委託出版物〉
本書（誌）の無断複製は著作権法上での例外を除き禁じられています。複製される場合は、そのつど事前に、出版者著作権管理機構（電話 03-5244-5088、FAX03-5244-5089、e-mail:info@jcopy.or.jp）の許諾を得てください。